L'INVISIBLE

Conception :
Jack BEAUMONT

Texte :
Christine SAGNIER

FLEURUS ÉDITIONS, 15-27, rue Moussorgski, 75018 PARIS
www.fleuruseditions.com

SUR UNE FLEUR DES CHAMPS

Sur une fleur de bardane, une abeille ouvrière butine, son redoutable dard prêt à piquer en cas de danger. À l'aide de ses pattes spécialement adaptées au ramassage du pollen, elle se charge de poudre, qu'elle dépose de fleur en fleur au gré de sa récolte. Elle est si bien outillée qu'elle parvient à transporter en moyenne 50 milligrammes de pollen par sortie, alors qu'elle n'en pèse que 82 ! Mais à quoi ressemble exactement cette poudre vue de plus près ? Parmi les fleurs butinées, la bardane n'est pas très connue, et pourtant...

Une arme redoutable

Long de 2 mm, le dard dentelé de l'abeille ouvrière est une arme terrible. Mais son usage est unique. Une fois le venin injecté, il reste planté dans la chair de la victime. Et, arrachant son dard pour s'envoler, l'abeille détache en même temps une partie de ses organes abdominaux. C'est pour elle la mort assurée.

Grappes de pollen

La plupart des plantes ont un organe mâle, l'étamine, qui est une fabrique à pollen, et un organe femelle, le pistil. Pour qu'il y ait reproduction, les grains de pollen doivent se poser sur le pistil, comme on le voit ci-dessous. Or, les plantes ne pouvant pas se déplacer, c'est au vent et aux insectes qu'elles s'en remettent pour transporter les grains. On appelle ce processus la pollinisation. Si on les observe au microscope, on s'aperçoit que les grains de pollen sont de formes différentes pour s'adapter au mode de transport. Les uns sont lisses pour se disperser avec le vent, les autres sont hérissés de pics pour mieux s'accrocher aux poils des insectes.

Fleurs de mauve

Grains de pollen sur un pistil de mauve grossis 150 fois au microscope. Hérissés de pointes, ces grains s'accrochent facilement au pistil.

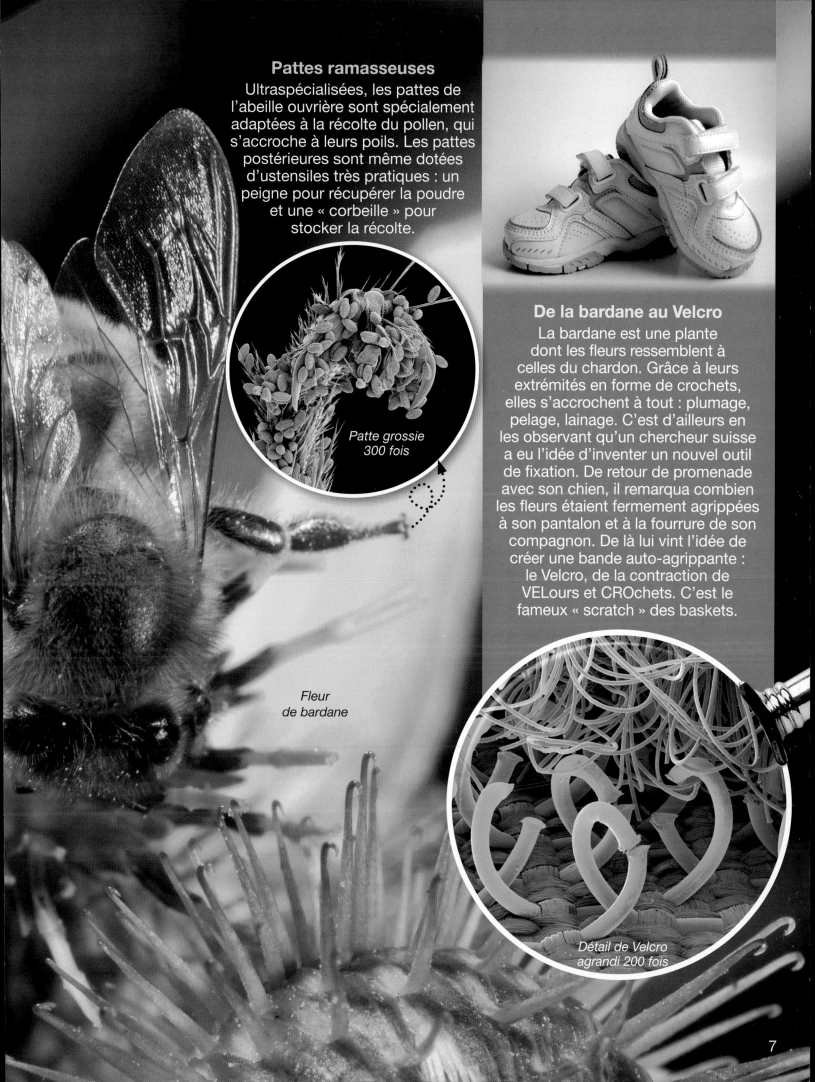

Pattes ramasseuses

Ultraspécialisées, les pattes de l'abeille ouvrière sont spécialement adaptées à la récolte du pollen, qui s'accroche à leurs poils. Les pattes postérieures sont même dotées d'ustensiles très pratiques : un peigne pour récupérer la poudre et une « corbeille » pour stocker la récolte.

*Patte grossie
300 fois*

*Fleur
de bardane*

De la bardane au Velcro

La bardane est une plante dont les fleurs ressemblent à celles du chardon. Grâce à leurs extrémités en forme de crochets, elles s'accrochent à tout : plumage, pelage, lainage. C'est d'ailleurs en les observant qu'un chercheur suisse a eu l'idée d'inventer un nouvel outil de fixation. De retour de promenade avec son chien, il remarqua combien les fleurs étaient fermement agrippées à son pantalon et à la fourrure de son compagnon. De là lui vint l'idée de créer une bande auto-agrippante : le Velcro, de la contraction de VELours et CROchets. C'est le fameux « scratch » des baskets.

*Détail de Velcro
agrandi 200 fois*

AU CŒUR DE LA TOILE

Au milieu de sa toile, l'araignée veille. À la moindre vibration, elle se prépare à l'attaque, jaugeant sa proie avant de la neutraliser. Et si l'on regardait justement sa toile de plus près ? Comment est-elle tissée ? Pourquoi les proies restent-elles collées aux fils alors que l'araignée s'y promène sans peine ? Comment ces fils de soie sont-ils fabriqués ? Une soie si incroyablement résistante et flexible qu'elle attise la curiosité des scientifiques...

Une architecte hors pair

L'araignée lance son fil au gré du vent et le laisse s'accrocher à un brin d'herbe ou à une fine branche. Une fois tendu, ce premier pont aérien est renforcé. Puis l'araignée descend en son milieu, tirant derrière elle un fil afin de former un Y : les trois premiers rayons de sa toile sont bâtis. Elle ajoute et fixe ensuite les rayons suivants. Lorsque l'ensemble des rayons est établi, l'araignée part du centre pour construire une première spirale. Quand celle-ci est terminée, elle en bâtit une deuxième, gluante celle-là, de l'extérieur vers l'intérieur. Tout en la confectionnant, elle avale la première, d'où elle puisera l'énergie pour produire la nouvelle toile.

Un filtre ultrarésistant

Deux fois plus résistant que l'acier et quatre fois plus que l'élastique à taille égale, le fil de l'araignée est également indéformable. Son secret ? Être composé de centaines, voire de milliers de fils extrêmement fins tissés entre eux : les fibrilles. Les scientifiques se penchent sur la possibilité d'utiliser le fil d'araignée pour fabriquer des câbles, des gilets pare-balles, mais aussi des organes de rechange pour le corps humain.

La colle hyperpuissante qui recouvre en partie la toile est un piège mortel pour les proies. Si l'araignée y échappe, c'est qu'elle reconnaît les fils qui n'e sont pas enduits. C'es aussi grâce à ses patte munies de trois croche qui lui permettent de se déplacer sans rester colle

Une acrobate aux méthodes monstrueuses

Alerte ! Une victime est prise au piège. Vite, l'araignée analyse les vibrations plus ou moins marquées de la toile pour savoir de quel insecte il s'agit. S'il est trop gros, et donc dangereux, elle le libère ; s'il l'intéresse, elle l'enrobe prestement dans une soie spéciale ou le paralyse à l'aide de ses chélicères, sortes de tiges munies de crochets inoculateurs de venin. Il est temps de se mettre à table. Mais avant d'avaler sa proie, l'araignée doit la liquéfier grâce à sa terrible salive, car elle n'absorbe pas les solides.

Une usine à soie

La soie à l'état liquide est produite dans l'abdomen de l'araignée. Ce liquide rejoint les filières, des sortes de minuscules mamelles composées de petits tubes creux, appelés fusules, qui produisent le fil. Une fois à l'extérieur, ce fil durcit sous l'action combinée de l'air et de l'araignée, qui le tire avec ses pattes. Quant à la matière première qui sert à fabriquer cette soie, ce sont les insectes que l'araignée dévore ou même la vieille toile qu'elle mange pour en tisser une nouvelle.

FINE MOUCHE

La mouche peut être bruyante, agaçante, dégoûtante, mais elle devient passionnante quand elle livre ses secrets. En effet, s'il est difficile de l'attraper, peut-être est-ce à cause de sa vision parfaitement adaptée à la détection des mouvements. Et comment expliquer sa capacité à marcher au plafond ou sur une vitre ? Sans compter qu'en plus d'être une équilibriste et un as de la voltige, certaines larves peuvent être utiles à l'homme. Incroyable, la mouche !

Mille reflets

L'aile de la mouche est constituée d'une superposition de membranes formant à la surface des ondulations semblables aux dunes du désert. Ces ondulations renforcent la résistance de l'aile, qui se déforme en vol. Grossie au microscope, elle présente des poils et des nervures. Mais si l'on examine une aile à l'aspect transparent sur un fond noir, alors on découvre une multitude de couleurs et de motifs, à la manière de ceux que l'on observe sur une bulle de savon.

Ses yeux à facettes donnent à la mouche une précision de vision extrême.

Dans les yeux de la mouche

Drôle de tête avec ses gros yeux placés sur le côté ! Si l'on y regarde de plus près, on voit que ce sont des yeux composés ou à facettes, c'est-à-dire qu'ils sont constitués de plusieurs centaines, voire de milliers d'yeux simples. Ainsi équipée, la mouche voit partout, en avant, en arrière, en haut, en bas. S'ajoutent en général trois yeux simples placés au sommet de la tête, les ocelles, grâce auxquels elle distingue l'intensité lumineuse.

Haute voltige

Cette championne peut filer à une vitesse de plusieurs mètres par seconde sans s'écraser contre un obstacle. Pourquoi ? Parce que chacun de ses milliers d'yeux transmet une image au cerveau, lequel réexpédie les informations collectées à 18 paires de muscles qui se chargent d'ajuster en temps réel la position des ailes.

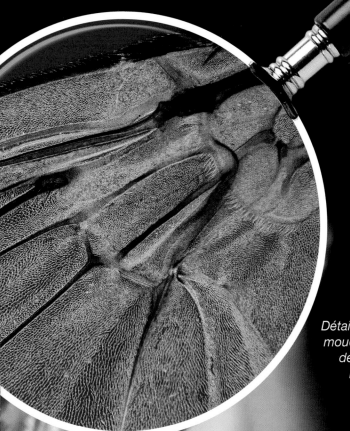

Détail d'une aile de mouche montrant de superbes irisations

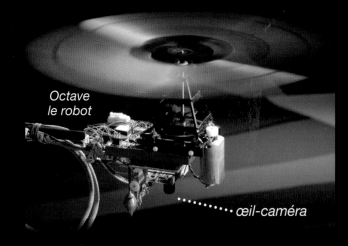

Octave le robot

œil-caméra

Octave, le robot-mouche

L'œil anticollision de la mouche inspire les chercheurs. C'est ainsi qu'Octave, hélicoptère lilliputien de 100 grammes, a vu le jour au CNRS (Centre national de la recherche scientifique). Sur son ventre se trouve une caméra dérivée de l'œil de la mouche qui lui sert de pilote automatique, lui permettant de décoller, voler et atterrir sans l'aide d'aucun instrument de pilotage. Cet œil poids plume et économique pourrait être adapté aux avions, hélicoptères et même aux engins spatiaux.

Marcher la tête en bas

Se déplacer sur les plafonds ou sur une vitre, la mouche le fait tous les jours grâce à ses pattes « haute technologie ». En plus d'une paire de griffes, elles sont équipées de coussinets adhésifs, eux-mêmes garnis de minicrêtes qui permettent à la mouche de s'accrocher un peu partout. Chez certaines espèces, les coussinets possèdent des poils libérant une substance visqueuse qui les rend encore plus adhérents !

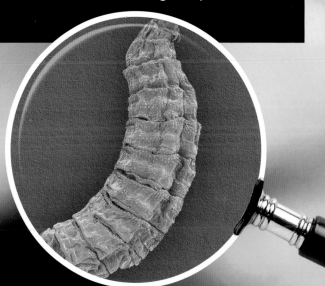

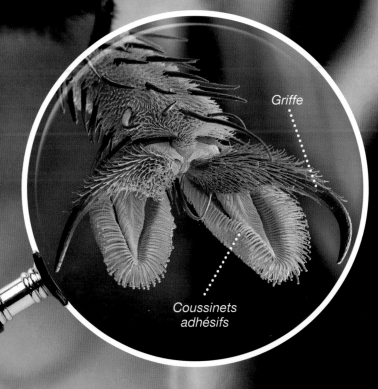

Griffe

Coussinets adhésifs

Larves

La mouche débute sa vie dans un œuf. Elle en sort sous forme de larve, appelée asticot, et se nourrit de la viande en décomposition, du fumier ou de la bouse sur laquelle elle est née. Et pourtant, les asticots de certaines espèces peuvent soigner. Elevés en laboratoire à l'abri des microbes, ils sont déposés sur une plaie difficile à nettoyer. En mangeant les chairs mortes, ils favorisent la cicatrisation. Mais gare ! La mouche, attirée par toutes sortes de déchets, peut transmettre de graves maladies en déposant des germes sur nos aliments.

PAPILLON AU BORD DU GOUFFRE

Une plante carnivore qui charme les insectes pour mieux les dévorer, des feuilles qui produisent un parfum de fleur, des papillons aux couleurs chatoyantes dont les ailes sont dépourvues de pigments, une trompe de papillon qui s'allonge pour s'adapter à la structure d'une fleur, des ailes recouvertes de mini-écailles, sortes de poils microscopiques et aplatis qui jouent avec la lumière... Mais comment et pourquoi la nature déploie-t-elle tant d'inventivité et d'ingéniosité ?

Charmeuse de papillon

Le papillon ci-dessous s'est laissé charmer par les effluves de la très vorace *Nepenthes rafflesiana*. Or, contrairement aux apparences, cette poche végétale n'est pas une fleur, mais une feuille déguisée en fleur : elle en a la couleur, le nectar et l'odeur. Et c'est justement ce parfum qui a attiré le papillon. En effet, la feuille en forme d'entonnoir produit un bouquet d'odeurs identique à celui des fleurs à nectar ou à pollen, ce qui en fait un piège parfait pour les visiteurs trop gourmands.

Une salive élastique

Pourquoi les insectes ne parviennent-ils pas à s'échapper de ce piège ? Pour le savoir, il faut scruter le fond de la feuille entonnoir. En effet, il s'y trouve une sorte de salive à la fois visqueuse et élastique qui fait l'effet d'un sable mouvant. Une fois tombé dedans, l'insecte se débat pour en sortir. Mais plus il s'agite, plus il en est prisonnier, son corps s'emmêlant dans des filaments dignes des fils du gruyère fondu. Sans compter que ce fluide est également digestif : il permet à la plante de digérer sa proie.

Papillon lépidoptère Zygaenidae sur le bord d'une plante Nepenthes rafflesiana. *Il ne se doute pas que quelque pas de plus vont le précipiter dans une poche gluante don[t] il ne ressortira jamais.*

Pompe aspirante du papillon

Le papillon suce le nectar des fleurs.
Pour comprendre comment il procède, il faut
regarder sous sa tête. Là se trouve une sorte de
petit ressort : c'est sa trompe, en forme de spirale
quand elle est au repos. Pour la dérouler, le papillon
actionne une multitude de petits muscles très
puissants. Une fois plongée dans le réceptacle
à nectar de la fleur, la trompe aspire
le liquide comme une paille.

Trompe

Les écailles de papillon

Sous l'œil du microscope, une aile de papillon
ressemble à un toit d'ardoises. En effet, l'aile
est constituée de deux couches d'écailles
minuscules superposées : la première couche,
dite « écailles de fond », et la seconde, appelée
« écailles de recouvrement ». Chez certains
papillons (*Uraniidae*), la couleur provient
des pigments contenus dans les écailles de
fond. Ceux-ci absorbent la lumière (composée
de plusieurs couleurs) et renvoient la teinte
leur correspondant : un pigment rouge
renvoie la couleur rouge, un pigment
jaune renvoie la couleur jaune, etc.
D'où les superbes couleurs du papillon.
Chez les autres, c'est la structure
microscopique des écailles qui,
en réfléchissant plusieurs fois la
lumière reçue, produit la couleur.

Le bleu du morpho : une illusion d'optique

D'où vient le bleu intense du papillon
morpho ? Pas de ses pigments, puisqu'il
n'y en a pas toujours dans ses écailles. Sa couleur
est avant tout un phénomène optique. Les écailles de
la couche du fond portent chacune plusieurs lamelles
extrêmement minces disposées à distance égale.
Le rayon lumineux qui frappe ces lamelles se trouve
réfléchi plusieurs fois. C'est le jeu entre les rayons
ainsi réfléchis qui crée la couleur bleue intense.
Et pourquoi le bleu ? Le mystère demeure…

AU BORD D'UNE MARE...

Marcher sur l'eau, ne jamais se mouiller, ne jamais se salir... Un rêve que la nature sait réaliser. Ainsi, approchons-nous de la frêle punaise d'eau qui patine sur les étangs sans jamais s'enfoncer. Où se cache son secret ? Quant au nénuphar, qui sait repousser les gouttes, de quoi ses feuilles sont-elles faites ? Et la fougère aquatique, capable de ressortir sèche de plusieurs semaines sous l'eau, quelle est sa technique ? Les scientifiques se penchent sur ces propriétés extraordinaires pour améliorer notre quotidien.

Phénomène de la goutte d'eau sur la feuille de nénuphar (ou de lotus) appelé « effet lotus »

Goutte qui roule

L'eau ne mouille pas le lotus ! Tombant sur une feuille, les gouttes se mettent instantanément en bille et roulent. Pour comprendre ce phénomène, il faut examiner une feuille au microscope : sa surface est hérissée d'une multitude de minuscules bosses recouvertes de cire. Lorsqu'une goutte d'eau tombe sur la feuille, elle reste en équilibre sur la pointe des bosses : la goutte roule, rebondit, emportant avec elle microbes et salissures.

Salvinia molesta

Toujours sèche

Autre plante, autre technique pour chasser l'eau : la fougère aquatique *Salvinia molesta* reste tout le temps sèche, même immergée pendant des semaines ! Son secret ? Les minuscules poils qui recouvrent sa surface. Des poils en forme de petits fouets dont l'extrémité attire l'eau, alors que le reste la repousse. L'eau reste donc piégée sur les pointes, laissant la place à une couche d'air entre la surface de la feuille et le liquide.

La punaise patineuse

Ses quatre pattes sont aussi fines que des aiguilles, et pourtant cette habile patineuse ne s'enfonce pas dans l'eau. Comment y parvient-elle ? En observant une de ses pattes à l'aide d'un microscope électronique, on découvre des millions de poils minuscules, pourvus chacun d'une rainure encore plus petite qui piège l'air. Ces millions de petites bulles d'air forment une sorte de coussin qui permet à l'insecte de se déplacer sur l'eau en l'effleurant à peine. Cette structure exceptionnelle, à l'imperméabilité absolue, intéresse les chercheurs. Alors, à quand des chaussures insubmersibles ?

L'effet lotus

La capacité qu'ont les plantes à conserver leur surface propre et sèche, comme les feuilles de lotus, intéresse depuis longtemps les chercheurs, qui ont créé des revêtements autonettoyants imitant la structure des feuilles. C'est le cas de matières destinées à recouvrir les sols, les baignoires, les cuisines, les vitres d'immeubles, des tissus ultra-imperméables ou encore des pare-brises sur lesquels on dépose un produit à « effet lotus ».

Tout un monde dans une goutte

L'observation au microscope d'une simple goutte d'eau d'étang révèle un univers insoupçonné et parfaitement organisé. Des minuscules algues vertes et diatomées (autres microalgues), chargées de capter la lumière et de produire de l'oxygène, aux animaux microscopiques (zooplancton), qui constituent la nourriture des plus gros, en passant par les bactéries, qui décomposent les déchets végétaux et animaux, chacun a un rôle essentiel dans l'équilibre de la mare.

Goutte d'eau prélevée dans un étang et observée au microscope

15

BALADE EN FORÊT

À vue d'œil, le sol semble quasi inhabité. En réalité, quantité d'êtres vivants visibles ou invisibles s'activent sous nos pieds ! Pour preuve : un gramme de sol prélevé à la lisière d'une prairie peut contenir jusqu'à un milliard de bactéries. S'ajoutent encore un million de champignons microscopiques, sans parler des milliers d'algues et d'animaux minuscules, dont bon nombre n'atteignent pas 0,2 mm, ou encore des vers et des insectes. Bref, toute une armée qui nettoie la surface de la terre et enrichit le sol.

Stomates

La feuille, un vrai laboratoire

En examinant la surface d'une feuille, on découvre de tout petits trous, les stomates, par lesquels l'air est absorbé. À l'intérieur de la feuille, un pigment vert, la chlorophylle, capte l'énergie de la lumière du soleil. La sève, quant à elle, transporte l'eau et les sels minéraux puisés dans le sol. La chlorophylle transforme ces différents apports (air, lumière, eau et sels minéraux) pour fabriquer des sucres, les glucides, qui nourrissent la plante, tandis que les stomates rejettent l'oxygène indispensable aux êtres vivants sur Terre.

De la feuille à l'humus

À l'automne, la feuille tombée de l'arbre ne disparaît pas, elle se décompose. Une armée d'êtres vivants participe à ce processus : des organismes microscopiques, bactéries et champignons, envahissent sa surface, acariens et collemboles la grignotent et la perforent, limaces, vers et larves la dévorent. Les morceaux avalés ressortent sous forme de minicrottes qui sont à leur tour envahies de bactéries dévoreuses... Ainsi transformée en matière organique, la feuille décomposée vient enrichir le sol, constituant avec d'autres éléments décomposés une couche de terre épaisse et brune appelée humus.

Bactéries

Bactéries et champignons microscopiques participent au renouvellement permanent du sol de la forêt.

Les petits envahisseurs

L'écorce d'un arbre est parsemée de minuscules trous d'où s'échappe de la sciure. Derrière, se cache une armée de scolytes, des envahisseurs de quelques millimètres seulement, capables de tuer leur hôte. Armés de six dents à l'arrière du corps, ces insectes perforent l'écorce, puis creusent jusqu'à la partie la plus tendre du bois, dont ils raffolent. Là, mâles et femelles s'accouplent. Des larves sortent des œufs éclos et creusent à leur tour de minuscules galeries, lesquelles coupent la circulation de la sève. Et l'arbre dépérit...

Sous le stylo, un arbre !

En observant la feuille de papier au microscope, on distingue un réseau de fibres tressées qui proviennent du bois. En effet, pour obtenir du papier, on transforme le bois en pâte, en pressant les billes ou les copeaux de bois avec de l'eau, ou encore en traitant les copeaux avec des produits chimiques. Ensuite, cette pâte à bois est le plus souvent mélangée à une pâte à papier, elle-même constituée de papier recyclé dissous dans l'eau. Pressée, séchée, enroulée, découpée, la nouvelle pâte à papier finit dans les cahiers, les livres, les journaux...

Fourmi Attini au travail

Coupeuse de feuilles

La fourmi de la tribu Attini, fréquentant les forêts tropicales, coupe et tranche les feuilles. Ses mandibules, sortes de pinces aussi puissantes que tranchantes, lui servent de cisailles, l'autorisant à s'attaquer aux feuilles les plus coriaces. Pourtant, cette fourmi ne mange pas les morceaux de feuilles ainsi récoltés. Elle les rapporte jusqu'à son nid pour y constituer un compost (végétaux en décomposition) sur lequel va se développer un champignon qui servira à nourrir la colonie.

AU FOND DES MERS

L'océan est peuplé de mystérieuses créatures visibles et invisibles. Regardons de plus près ce requin qui patrouille le long du récif corallien, prêt à foncer sur sa proie telle une torpille. Voyons quel secret se cache dans la peau de ce formidable nageur. Et cette seiche fondue dans le paysage, par quelle magie revêt-elle si rapidement son habit de camouflage ? Quant à ces coraux que l'on croirait figés comme la pierre, ce sont en fait de minuscules animaux, habitants des fonds marins.

La seiche, un caméléon de la mer

En quelques fractions de seconde, la seiche change de texture et de couleurs pour mieux se fondre dans le décor. Ce phénomène, appelé mimétisme, est dû à des cellules de sa peau qui sont reliées à son cerveau : les chromatophores. Si l'on observe bien, on s'aperçoit que ces cellules contiennent des pigments qui se déplacent. Une saute d'humeur, et les chromatophores modifient à la fois leur forme et la répartition des pigments. Aussitôt, la seiche change de tenue. Pratique !

Infiniment petits

Un nombre incalculable d'organismes, souvent invisibles à l'œil nu, flotte dans l'océan. Ces espèces variées sont rassemblées sous le nom de plancton. Un litre d'eau de mer en contient 10 à 100 milliards ! Si petits soient-ils (parfois un millionième de mètre pour le nanoplancton), ces étranges organismes représentent 98 % de l'ensemble des espèces végétales et animales qui peuplent l'océan.

C'est en regardant de plus près que l'on perce le mystère de la seiche, un camouflage presque instantané dû à des cellules spécifiques de sa peau qui peuvent changer de forme et de couleur.

La vitesse dans la peau

Si le requin nage si vite, c'est en partie grâce à sa peau. En l'observant, on constate qu'elle est hérissée de milliers de petites dents aplaties prenant racine sous la couche superficielle : l'épiderme. Or, ces petites écailles favorisent l'écoulement de l'eau tout en facilitant la glisse ! Elles empêchent que se créent les microturbulences qui freinent habituellement un corps en mouvement dans l'eau. Donc, moins de turbulences égale plus de vitesse.

Cette mosaïque d'écailles protège également ce redoutable chasseur des écorchures et blessures qu'il pourrait se faire en rasant d'un peu trop près le récif corallien.

Incroyable ! Ces petites bulles qui semblent éclater au-dessus du corail sont les cellules reproductrices (ovules et spermatozoïdes) des polypes. Cette « ponte », déclenchée par la pleine lune, n'a lieu que quelques nuits par an. Les polypes s'ouvrent et libèrent leurs cellules mâles et femelles, qui se rencontreront pour donner naissance à des larves.

Les coraux

On imagine souvent que les coraux ne sont pas vivants. Erreur ! Leur architecture ressemblant à la pierre est en quelque sorte la carapace de minuscules animaux aquatiques : les polypes. Le polype est une sorte de long tube fixé à son support par un pied. Il a un estomac et un unique orifice par lequel il avale ses aliments et rejette ses excréments. En guise de bras, des tentacules lui permettent d'attraper et de neutraliser ses proies (comme le plancton).

SOUS UNE FORÊT DE POILS

Sur cette gracieuse petite boule poilue, tout occupée à sa toilette, se cachent peut-être des ennemis de toujours : les parasites. Serait-ce pour mieux les chasser que le chat lèche consciencieusement son pelage de sa langue râpeuse ? Mais qui sont ces tiques et ces puces qui le gênent ? Comment sont-elles arrivées là et que font-elles exactement dans cette forêt de poils ? Quant à nous, sommes-nous à l'abri de ces petits envahisseurs désagréables ?

La terreur de l'été

Gare au pique-nique qui finit en séance de démangeaisons… À cause de qui ? De l'aoûtat, cette minuscule bestiole du groupe des acariens qui pullule dans l'herbe, l'été. Le danger ne vient pas de l'adulte, mais de la larve, rouge orangé, d'environ 0,2 mm qui, sortie de l'œuf, cherche à se nourrir. À son tableau de chasse : lapins, chats, humains, etc. Elle utilise une sorte d'éperon pour se planter dans la peau et y injecter une substance, qui dissout les tissus, qu'elle aspire ensuite.

ue au microscope, la langue du chat est hérissée
e petits « crochets » très durs, d'où l'effet de
pe quand il nous lèche. Ces petits bâtonnets
i sont très utiles pour se nettoyer, sa langue se
nsformant alors en peigne. Ils lui permettent
galement de se gratter en cas de morsure
insecte et d'éliminer les parasites : une puce,
r exemple, ne résiste pas plus de trois
quatre semaines à un tel toilettage.

*La tique repue a le corps
gonflé comme un ballon.
Pas étonnant puisque après
s'être gavée, elle peut
peser jusqu'à 200 fois
plus qu'à jeun !*

Suceuse de sang

Là, sous la jungle de poils, un vampire s'apprête
à se gaver de sang : c'est la tique, une géante
parmi les acariens. Elle pique sa proie avec une
sorte d'éperon garni de dents effilées qui lui
permettent de mieux s'ancrer dans la peau de sa
victime. Pour s'y enfoncer plus facilement, elle
utilise ses deux pinces, les chélicères,
qui écartent la chair au fur et à
mesure de la pénétration.
Elle consolide ensuite sa
prise en produisant une
substance qui cimente
la morsure autour
de son éperon.

Une championne de saut

Le chat en vue, la
puce compresse ses
pattes postérieures
particulièrement élastiques
et les maintient solidement
repliées. Soudain, elle libère toute
l'énergie contenue dans ses pattes arrière.
Celles-ci se détendent et la propulsent vers
l'avant. Bien qu'elle ne mesure que 1,5 à
3,2 mm, elle peut bondir à 33 cm de haut
et franchir 20 cm ! Imaginez un homme
sauter d'un bond en haut de la tour Eiffel !

*Pour se déplacer sur
l'épaisse fourrure du
chat, la puce ne saute
pas mais marche et
s'aide de ses pattes
munies de griffes
et de crochets.*

21

LES MONSTRES DE LA MAISON

Alerte ! La maison est envahie.
Des milliers de bêtes microscopiques
grouillent sur nos tapis, sous
nos matelas et dans nos draps.
Certaines vont même jusqu'à ronger
le bois de nos meubles... Imaginez :
pas moins de cent cinquante
espèces d'acariens squattent
un gramme de poussière.
Mais qui sont ces envahisseurs ?
À quoi ressemblent-ils ? De quoi
se nourrissent-ils ? Sont-ils
nuisibles ? Peuvent-
ils être utiles ?

*Les acariens
mesurent 2 à
5 dixièmes
de millimètre.
Autrement
dit, ils sont
invisibles.
à l'œil nu.*

Des monstres dans notre lit

Le lit bien douillet d'une chambre
est en fait un vrai garde-manger !
Celui des acariens, qui raffolent des
peaux mortes. Or les humains en perdent
3 grammes par nuit, un vrai festin pour ces
hôtes invisibles. Quelque 2 millions de ces
bestioles peuvent coloniser un seul matelas !
Ce n'est pas tout : profitant de la tiédeur
d'une literie réchauffée et humidifiée par ses
propriétaires, mâles et femelles se reproduisent
tranquillement. Une femelle pond ensuite
100 à 300 œufs, et toujours dans le lit !

Cannibale

Certains acariens préfèrent des proie
fraîches aux déchets animaux d
végétaux. Ces prédateurs s'attaquer
à leurs congénères. Le mâle utilis
ses pinces, les chélicères, pou
attraper sa victime. Il lui injec
un venin qui liquéfie et vic
le corps de sa substanc
en moins d'une minute
La femelle, elle, est doté
d'un rostre extrêmemen
perforant qui lui sert
encorner sa proi

*Cette espèce de prédateur
des lits (Cheyletus) est féroce.
Ces acariens se mangent entre eux*

Au milieu de la poussière

Au microscope, la poussière apparente à une vaste déchetterie où s'accumulent fragments de cheveux, peaux mortes, fibres textiles, débris d'insectes et moisissures. Au milieu fourmillent de microscopiques et monstrueux habitants, les acariens. Proches cousins des araignées et des scorpions, on en dénombre jusqu'à 15 000 par gramme de poussière ! Or, en passant l'aspirateur sur un tapis, on n'en élimine qu'entre 5 et 10 %.

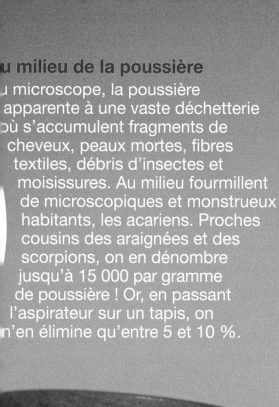

Mangeurs de bois

Certains vieux meubles en bois ou poutres anciennes sont percés de petits trous. Mais voyons ce qui se cache derrière ces façades trouées. On y découvre de minuscules galeries qui transforment le meuble ou la poutre en véritable passoire, au point de finir par les faire s'effondrer. Les responsables sont des larves de vrillettes, ou vers de bois. Déposées par un insecte adulte, elles grandissent en se nourrissant des fibres du bois, creusant au fur et à mesure leur chemin dans le meuble.

Des acariens dans le fromage !

Incroyable : la fine poudre qui recouvre la croûte de ce fromage est vivante ! Elle grouille d'acariens : les artisous. Ils se nourrissent en fait du bois sur lequel sont posés les fromages lors de leur affinage (période de vieillissement en cave). De la planche, l'artisou (ou artison) passe naturellement au fromage, sur lequel il mange, se développe, se reproduit et prolifère en lui donnant une saveur incomparable.

BIEN DANS SA PEAU

Comment, avec ses quatre petits millimètres d'épaisseur, la peau nous sert-elle d'armure contre le monde extérieur ? Par quel miracle parvient-elle à nous protéger efficacement des infections, de la chaleur ou du froid ?
Pour comprendre ces mystères, plongeons dans le monde étonnant des cellules.
Et n'oublions pas l'univers des microbes (bactéries, virus, champignons...), avec lesquels nous vivons au quotidien.

1 - *Épiderme*
2 - *Derme*
3 - *Hypoderme*
4 - *Pore*

Bactéries vues au microscope
à la surface de la peau

Un nid à microbes

Notre corps abriterait 100 000 milliards d'organismes vivants constitués d'une cellule : les bactéries. Où se cachent-elles ? Partout, avec une prédilection pour le tube digestif. Toutes ces bactéries représentent plus d'un kilogramme dans le poids total d'un adulte. Mais pas de panique : la grande majorité d'entre elles est bienfaisante, et même indispensable au bon fonctionnement de notre corps. Quelques-unes sont dangereuses. Il faut alors les combattre avec des antibiotiques qui, hélas, éliminent les bonnes comme les méchantes.

Une protection efficace

Comment la peau peut-elle faire barrage aux microbes indésirables qui circulent dans l'air ? Son secret se cache dans l'épiderme (1). Un mur de cellules s'y dresse comme les remparts d'une forteresse contre les agressions extérieures. Des dizaines à des centaines de couches de cellules sont ainsi superposées selon les parties du corps, la peau des pieds étant plus épaisse que celle des paupières.

Cellules graisseuses

De la graisse contre le froid

La peau de l'homme est bien armée contre le froid. Pour découvrir comment, il faut plonger sous le derme (2), au cœur de l'hypoderme (3). On y trouve une sorte de matelas composé de cellules rondes qui accumulent l'énergie sous forme de graisse. Et la graisse est un bon isolant ! En plus d'aider le corps à lutter contre le froid, ces cellules lui servent de réserves d'énergie où puiser en cas d'effort.

Les empreintes

Chacun porte au bout de ses doigts son empreinte digitale, à savoir des petits sillons en forme de boucles et de courbes qui lui sont propres. De même, chaque personne abrite sur la paume de sa main une colonie unique de bactéries. Or, en touchant un objet, la main laisse non seulement son empreinte digitale, mais aussi son empreinte bactérienne. Une aubaine pour la police !

De la sueur contre la chaleur

Dès que le corps est en surchauffe, des glandes situées dans le derme de la peau sécrètent un liquide composé essentiellement d'eau, la sueur, qui remonte à la surface de l'épiderme et sort par les pores (4), de minuscules trous de la peau que l'on peut voir à l'œil nu.

Pas de doute, vu au microscope, le corps est un monde fascinant qui révèle de nombreux secrets : comment nos ongles poussent, de quelle matière résistante sont faits nos cheveux, comment notre nez chasse les microbes... Quelle exploration !

Drôle de cheveu

Le cheveu semble aussi lisse qu'un fil. Pourtant, vu au microscope, il ressemble plutôt au corps d'un serpent. En effet, sa couche externe, appelée cuticule, d'une épaisseur de 3,5 à 4,5 millièmes de millimètre, est composée de plaques en forme d'écailles qui se chevauchent comme les ardoises sur un toit. C'est cette disposition originale qui explique l'élasticité du cheveu.

Pointe du cheveu

Gare aux fourches !

La cuticule est très riche en kératine, une substance dure et fibreuse qui constitue l'essentiel du cheveu. Cette fameuse kératine est faite d'un assemblage de longues fibres elles-mêmes formées de fibrilles encore plus fines. Quand la cuticule s'amincit à la pointe du cheveu, les fibrilles se dressent et le cheveu fourche !

La kératine de l'ongle vue au microscope électronique

Au bout des doigts

De quoi l'ongle est-il fait ? De cellules de kératine, cette substance résistante et rigide que l'on retrouve aussi bien dans le cheveu que dans la corne du rhinocéros. En regardant de plus près, on observe une couche supérieure de kératine dure et une couche inférieure de kératine molle. Mais pas de trace de mélanine pour le colorer, contrairement au cheveu. Le rose de l'ongle est dû aux vaisseaux sanguins situés au-dessous.

L'épiderme produit en permanence des cellules de kératine. Les ongles poussent donc toute la vie. L'ongle grandit en moyenne de 3 mm par mois, soit 0,1 mm par jour.

Poils au nez !

Non, les poils qui tapissent notre nez ne sont pas là par hasard. Ils ont pour fonction de filtrer l'air que l'on inspire, car celui-ci transporte quantité de poussières et de microbes. En plus de ces poils appelés cils, les fosses nasales sont équipées de glandes qui produisent une matière visqueuse censée piéger les intrus. Pour ceux qui parviennent à franchir cette première barrière protectrice, un même dispositif les attend dans la trachée, sorte de tube qui relie la gorge aux poumons.

Cils du nez

La chasse à la carie

L'émail est la substance translucide qui recouvre la surface de la dent. C'est aussi la structure la plus dure de notre corps. Grâce à elle, on peut croquer les aliments à belles dents. Mais si l'on ne se brosse pas correctement les dents ou si l'on mange trop de sucre, les débris d'aliments mêlés à la salive se déposent sur la dent, et avec eux quantité de microbes, de bactéries : l'émail est attaqué. La carie entre en action, elle creuse une cavité. Quand la couche présente sous l'émail est atteinte, la douleur se fait sentir. Il est plus que temps d'aller chez le dentiste.

Bactéries (en violet) sur l'émail d'une dent

Question de goût

Sucré comme une cerise bien mûre, acide comme le citron… Mais comment perçoit-on le goût ? Le secret repose sur notre langue. En regardant de très près, on y observe de minuscules aspérités. Ce sont les papilles. Certaines, plus particulièrement localisées sur le pourtour de la langue, sont équipées de récepteurs du goût, amer, acide, sucré, salé.

Papilles gustatives vues au microscope électronique

TABLE DES MATIÈRES

MDS : 660873
ISBN : 978-2-215-11494-9
© FLEURUS ÉDITIONS, 2012
Dépôt légal à la date de parution.
Conforme à la loi n° 49-956 du 16 juillet 1949
sur les publications destinées à la jeunesse.
Imprimé en Italie (08/12).